何もやる気が出ない人へ

モチベーション
を高める
黄金ルール

RYUHO OKAWA
大川隆法

まえがき

最近、「何もやる気が出ない。」という人が多い。この本が出るころは梅雨《つゆ》入りしているだろうから、さらにその数は増えるだろう。私も若い頃、梅雨の時期には毎朝けだるくて、元気を出そうと思って、気合いを入れて出勤すると、「おまえを見ると、よけいにくたびれる。」と言われてガクッと来たもんだ。

他人《ひと》の意見はどうであれ、それでも毎日毎日一歩を進めていくことが大事だ。自分の人生を無駄《むだ》に使うか、有意義に使うかは、自分自身で決められるのだ。

「人は死ねばゴミになる。」といった人生観を持っている人がいかに社会的ステータスを持っていようとも、その人に見ならう必要などまったくない。
できれば、積極的な気持ちで、善行《ぜんこう》を積むことだ。「原因と結果の法則」は、もしこの世で完結しなかったとしても、来世《らいせ》までみれば百％現実化するからだ。

二〇一八年　六月五日

幸福《こうふく》の科学《かがく》グループ創始者兼総裁《そうししゃけんそうさい》　大川隆法《おおかわりゅうほう》

何もやる気が出ない人へ　目次

第1章　何もやる気が出ない人へ

二〇一八年二月二十六日　説法《せっぽう》
幸福の科学　特別説法堂にて

4

「やる気が出ない」から脱出《だっしゅつ》するには　56

第2章　実践《じっせん》・マンネリ疲《づか》れ克服法《こくふくほう》

――質疑応答――

二〇一八年二月二十六日
幸福の科学 特別説法堂にて

Q2 「人間関係」に疲れて、やる気が出ないときには　116

第1章

何もやる気が出ない人へ

二〇一八年二月二十六日　説法《せっぽう》
幸福の科学　特別説法堂にて

1　それは、八割から九割の人が感じていること

「やる気が出ない」といっても、立場によってニュアンスが違《ちが》う

今回は、変わった題を出してみたのですが、何人かの人から、「私のことですか」という問い合わせがありました。「『何もやる気が出ない人』とは私のことを言っているのですか」と、何人かから質問が出たのです。

しかし、そういうつもりではなく、むしろ、私のほうが、「私のことでしょう」と言いたいくらいです。私も、今日は、「やる気が出ないなあ」と朝から

〝ぼやいて〟いたので、「やる気が出ない日には、このような話をしたほうがよいのではないか」と思ったわけです。

この題を見たら、おそらく、八割から九割ぐらいの人は、「該当者《がいとうしゃ》のなかに自分が入っているのではないでしょうか。この題は、そのような性質のものです。「自分が自分自身を見る目」と「ほかの人が自分を見る目」とは違《ちが》うので、だいたい、このような感じになるわけです。

私も、若いころには、「なかなか、やる気が出ない」ような毎日を送っているつもりでしたが、周りの人たちからは、そのようには見えていなくて、自己顕示《けんじ》に励《はげ》んでいるように見えていたらしいので、「見方はいろいろかな」と思います。

私自身は、やる気が出ないので、「何とか、やる気が出ているように見せたいし、そう思いたい」と考えて、〝自家発電〟をやっていたのですが、そうすると、「やる気がありすぎて、それを見ている周りが、やる気をなくす」と思われることが多かったように感じる次第《しだい》です。

「自分のあり方を、客観的にどう見るか」というのは難しいことです。どのように思われようと自由であろうかとは思うものの、やはり、「第三者の目で見て、どのような感じか」というのを知ることも、ある程度、大切なのではないかと思います。

例えば、会社の社長が「もう何もやる気が出んなあ」と言っているのと、中間層の人が「やる気が出ないなあ」と言っているのと、定年前の人が「やる気が出ないなあ」と言っているのと、新入社員や入社して二、三年目の人が「やる気が出ないなあ」と言っているのとでは、おそらく、少しずつニュアンスは違うでしょう。

そのように、同じ言葉であっても、誤解してはならないところがあるのではないかと思います。

やはり、人生は一直線に進んでいくようなものではないので、「どんどんどんどん、成果が目に見えてたまっていく」という感じにはならないことがあると思うのです。

「同じような毎日」のなかで、やる気を出すには？

やる気が出なくなる理由の一つは、「毎日が同じように見える」ということでしょう。

昔、『毎日が日曜日』（城山三郎《しろやまさぶろう》著）という小説もありましたが、「やることが特にない」というような気がする日もあります。実際には、何もないわけではなく、何かをやっているのですが、「やっていることに意味を感じない」というか、「特に意義が感じられない」というような人はいると思うのです。

そういうときに大事なことは何でしょうか。やはり、人生を、ある程度、逆算して考えなくてはいけない面はあるでしょう。

私は、ときどき、「人生には二万日から三万日ぐらいしかない」と言っています。人生は砂時計のようなものであり、三万粒《つぶ》なら三万粒の砂が上から下に落ちれば、上のほうは空《から》になってしまいます。

「毎日毎日、砂の一粒一粒が、くびれたガラス管の隙間《すきま》を落ちていっている」ということを自覚すると、「その一日一日は、とてもとても大事な一日である」

ということが分かるのですが、特に、若い人ほど、まだ無限に未来があるような気がして、そうは思えないようです。

実際、自分のことを思い出してみても、「子供時代の時間が過ぎるのは非常にゆっくりだったかな」と思います。一日が過ぎるのも長かったような気がしますし、小学校の六年間は、とても長かったように感じています。

人生の時間は、あとになるほど、だんだんだんだん、短く感じるようになっていくのです。気がつけば、十年や二十年が、あっという間に過ぎています。

これは話として聞いたことはありましたし、若いころに読んだ本には、「中年からあとの歳月《さいげつ》は、坂道を転げ落ちるようなものであり、どんどんどんどん、加速度がついて速くなる」というようなことが書かれていました。

「そんなことがあるのかな」と思っていたのですが、実際にそうなのです。

どんどんどん、速くなり、歳月が転げ落ちていきます。

しかし、十歳のころには、「早く二十歳《はたち》になりたい」と思っていたのに、二十歳までの時間はとても長かったことを覚えています。それは、ナメクジが這《は》っているような遅《おそ》さでした。

「二十歳になれば、大人として一人前であることを認められ、何かをやれるのではないか」と思っていたのですが、その時間が来るまでには、ずいぶん時間がかかりました。そういうこともあります。

また、おそらく、毎日毎日の変化や刺激《しげき》なども少なかったのではないかと思います。

ただ、これについては、都会と田舎《いなか》では感覚に違いがあるのかもしれません。田舎の子の一日は長いのかもしれませんし、都会の子の一日は短いのかもしれません。よく分かりませんが、都会の子は、やや大人のような生活をしているかもしれません。学校に行き、塾《じゅく》に行き、それから家に帰って予習や復習をしていたら、一日はサラリーマンより短いかもしれません。

サラリーマンも、会社で働いて、そのあと夜学などに通ったら、けっこう人変だろうと思います。

このような違いがあるのかもしれませんが、私の場合には、子供時代は、ずいぶん一日が長いほうでした。

2　無駄《むだ》だと思える時間の過ごし方

例えば、子供時代に将棋《しょうぎ》を指した経験が……

しかし、まったく無駄《むだ》な〝だるっ〟とした時間を過ごしているようであっても、その間に経験したことや思いついたこと、やったことなどは、何かの折にフッと頭をもたげてきて、役に立つこともあります。

例えば、今、将棋《しょうぎ》においては、中学生で六段のプロ棋士《きし》が出てきており（説《せっ》法《ぽう》時点。藤井聡太《ふじいそうた》棋士は二〇一八年四月に高校へ進学し、同年五月十八日には七段に昇段《しょうだん》した）、「史上最速昇段」と言われています。

「この人の守護霊霊言《しゅごれいれいげん》を録《と》ったほうがよいのかな」と思い、本人の守護霊に少し訊《き》いてみたら、「過去世《かこぜ》はヨーロッパの貴族で、チェスをやっていた」というぐらいで、あまり深い話はなさそうだったので、収録を見送ったことがあります。

将棋の話をすると、私自身は、学校時代には、小学校の低学年ぐらいのときにしか将棋をやっていませんでした。

小学一年生のころには、母が暇《ひま》なときに、「挟《はさ》み将棋」のようなものの相手をしてくれた覚えがあるのですが、すぐに退屈《たいくつ》し始めました。

そのあと、私より四つ年上の兄と父は、将棋の定跡《じょうせき》などが書かれたルールブックのようなものを買ってきて、少し勉強していたようですが、私もそれを覚えると、確かに急に強くなるような感じがしました。

ただ、私は、それほど強くなるところまでは行きませんでした。小学校の三年生ぐらいまでは将棋を少しやっていたのですが、十歳《さい》ぐらいでやめて、そのあとはやらなかったのです。

それから十数年がたち、商社マン時代になると、私はいろいろなことをやったのですが、「文化部の人手が足りないから、名前を書いて入ってくれ」と言われ、将棋部に入れられたことがあります。出席した回数は極《きわ》めて少ないのですが、名古屋《なごや》で勤務していた時代に二年ぐらい将棋部に所属していたのです。

「あなたは何をやっていたのだ」と言われそうですが、テニス部の部長もやっていたのに、実は将棋部にも入っていました。

対戦した回数に関しては、あまり記憶《きおく》にないのですが、「将棋はできるか」

と訊かれ、「できることはできます」と言ったら、「じゃあ、入れ」と言われて、入れられたわけです。

過去の経験が意外な役立ち方をする

私が将棋部に入っていたときに、「最高に強かった」と自分で思えるのは、将棋部の部長と対局したときです。

その人は会社の化学品部の部長で、将棋部の部長もしていたのですが、アマ四段でした。私は、そのアマ四段の将棋部長との対局で王手をかけ、その人に「待った」をさせたのです。これが、私のいちばん強かったときの記録です。

「部長、いくら何でも、『待った』はないでしょう」と文句《もんく》を言ったのですが、あちらは、「だって、おまえ、王手じゃないか。これでは王が取られるじゃないか。それはないわ。待った、待った。待っただ！」と言うわけです。「まさか王手が来るとは思わなかった」と言い張るのです。

こちらもしかたなく「待った」を認めた結果、〝延長戦〟となり、延々と逃《に》げられ、悔《くや》しいことに最後は私が負けてしまいました。

しかし、「待ったなし」でストレートに言えば、「アマ四段に勝った」ということにはなります。そういうことも、たまにはあるのです。

振《ふ》り返ってみると、確か『百万人の将棋』というような題の本だったと思うのですが、将棋の指し手が百ぐらい書いてある本を、私は小学校の三年生ぐらいまでに読んでいました。当時、私の兄は将棋を熱心にやっていたのですが、私のほうはそれほど真剣《しんけん》にはやっていませんでした。そうであっても、子供のころのその知識が、会社時代に出てきたのです。

将棋部ではアマ初段の人とも戦ったことがありますが、一局目のときには、普通《ふつう》のやり方というか、飛車《ひしゃ》の上を開けていく「居飛車《いびしゃ》・棒銀《ぼうぎん》」でやってみたところ、あっさり負けてしまいました。

そこで、私は、「二局目は、違《ちが》うやり方でやりましょう」と言って、いきなり「ひねり飛車」というものをやりました。角《かく》の横に飛車をパーンと飛ばし、角の頭を突《つ》くと、向こうは少しギクッときたようです。

その対局も延々たる長期戦になり、〝泥沼《どろぬま》の戦い〟になりました。こちらは向こうへ攻《せ》め込《こ》んでいたのですが、向こうは最後の最後まで逃げまくり、向こうの王がこちらの陣地《じんち》にまで逃げ込んできている状態で、すごい泥沼戦になったのです。

結果的には私が負けたかもしれませんが、その人からは、「おまえは何という頭をしているのだ。突然《とつぜん》、強くなる」というようなことを言われました。

こちらとしては、突然、強くなったわけではないのですが、「昔取った杵柄《きねづか》」で、かすかに覚えている戦法をひねり出したら、相手はそれを予想していなかったわけです。一局目の私の戦い方を見て「弱いな」と思っていたので、急に強くなったように感じ、驚《おどろ》いたわけです。

私は、将棋に関しては、プロの手前の腕前《うでまえ》になるほどには練習しなかったので、そこまでのレベルではあるのですが、「何かのときに、遊びがてら、やっていたこと」であっても、やり方などを知っていると、十年、二十年を経《へ》て、意外と器用にできるようになることもあるものです。

それ以外では、中学校時代にテニスもよくやりました。当時やっていたのは軟式《なんしき》テニスだったのですが、社会人になったら硬式《こうしき》テニスばかりをやりました。

軟式と硬式ではバックハンドの打ち方が違うので、慣れるまでに少し時間がかかりましたが、「やったことがある」というのは、けっこう強いもので、しばらくすると、うまくなってきました。まことに不思議なものです。「人生でやったことには、けっこう無駄がないのだな」という感じがしています。

それから、私は学校新聞をつくったこともあり、編集長をやっていました。読者は先生と生徒だけしかいない新聞なのですが、そういうものであっても、つくったことがあると、その後、幸福の科学の月刊誌をつくったり、文章を書いたり、いろいろなことを企画《きかく》したりする際に役に立ちました。

それぞれ、やっているときには、「大したことはないな」「中途半端《ちゅうとはんぱ》だな」「少し〝かじった〟だけだ」などと思っていて、「少しできるようになっただけだ」というくらいのことで、自分としては、「ほとんどナッシングというか、評価できない」と思ったことは数多くあります。

しかし、それが、あとになって何となく効いてくるようなことはあるので、「不思議なことはあるものだな」と思います。

受験勉強に費《つい》やした時間は無駄《むだ》だったのか

はっきり言わせてもらえば、受験勉強などでいちばん無駄《むだ》だったと思うのは、おそらく「数学」でしょう。大量の時間を費《つい》やしているのに、その忘れ方の激しさは一番です。

「社会」にしてもかすかには覚えていて、少し読み返せば記憶が戻《もど》ってくるようなところはありますし、「国語」にしても、やったものは本を読む力として残っています。また、「理科」だって、計算ものは別として、自然にかかわることなら少しは覚えているでしょう。

ところが、数学は、平均して一日二時間ぐらいはやっていたと思うのですが、「二時間から三時間ほどかけたあの時間を返してくれ」と思うようなことはけっこう多いのです。メインの時間帯をずいぶん取られたにもかかわらず、忘れる速さは、本当に「矢のごとし」というか、ピューンと通り過ぎていきます。

大学に入ったときに、どの先生が言ったのかは忘れましたが、最初の授業か何かで、「今年、大学に合格した人で、来年、もう一度受けて合格する人は一割いないのですよ」などと言われて、「何という虚《むな》しい世界なんだろう」と思いました。ただ、そのときは冗談《じょうだん》半分で聞いていたのです。

ところが、その後、「本当に、一年たったら分からなくなるというか、解けなくなることはあるのだな」と感じることがありました。

英語や国語や社会は、まだかすかに覚えていて、それほど落ちた感じはなかったのですが、数学に関しては本当にケロッと忘れていて、一般《いっぱん》教養ではない専門科目の「近代経済学」などの本は、文字の部分は読めても、数式が出てくると、やたらと意識が遠くなってくるのです。

私は、微分《びぶん》・積分は得意なほうだったので、「ああ、どうも微積らしいな。こんな数式、見たことはあったな」とは思うものの、数字だけ急にフッと本文に出てくると、何だか、そこだけが読めないことがあって、「こんなことがあるのか」と思いました。

高校時代に、理系で数学がよくできた人たちに話を聞くと、「暗記は苦手《にがて》だ」

と、だいたい、みな言っていて、「暗記が苦手だから理系に行く」という人がけっこう多かったのです。私には、若干《じゃっかん》、理解できなかったのですが、「数学は、定理や公式があれば、あとは考えたら解けるからいい。暗記量が少なくても問題は解けるからいい」と言うわけです。ただ、私には、どうも、そのようには見えませんでしたし、思えませんでした。

何年か前に、私が、「受験時代に一日二時間も数学を勉強していたのは、無駄だったな」と言ったら、長女の咲也加《さやか》が、「二時間なら、まだいいじゃないですか。私なんか三時間使っていましたから、もっと無駄でした」と言っていました。

本当に、そうだろうなと思います。受験時代、十代の後半に、一日三時間も数学に使っていたら、「もう遊ぶこともできず、勉強したことは、全部、〝蒸発〟する」ということでしょう。三時間もあったら、十分に小説が読めるので、「ああ、小説でも腹いっぱい読んでいたら、よほどためになっただろうな」と思うはずです。

昔の旧制高校などは、入るのは難しかったけれども、大学へ入るのに試験がなかったので、だいたい、学生はみな、哲学《てつがく》や文学などの本を深いところまで読んでいました。そのように、十代の後半ぐらいに読書だけをしていた人をうらやましいなと思うことはあります。

無駄《むだ》だと思っていたことが、あとで役に立つことも多い

ただ、「以前に数学を勉強したことが役に立った」と思うようなことも、な

いわけではありません。

先日、「天才数学者・岡潔《おかきよし》を育てたのは奥《おく》さんだった」というような内容のドラマをやっていました（二〇一八年二月二十三日放送。読売テレビ開局60年スペシャルドラマ「天才を育てた女房《にょうぼう》――世界が認めた数学者と妻の愛――」）。それを観《み》ると、特に原作がなくてドラマをつくっていたようですが、実は、昨年（二〇一七年）の六月ごろに、私の『数学者・岡潔 日本人へのメッセージ』（幸福の科学出版刊）という岡潔さんの霊言本が出ています。

また、作品をつくっているテレビ局の〝機動部隊〟のほうは、おそらく、文学部出身あたりの人でしょうから、数学がそれほど分かっているとは思えません。

そういう意味では、「大川隆法による岡潔の霊言が出たので、これは面白《おもしろ》いのではないかと思って、ドラマをつくったのではないか」と思い当たる節《ふし》もあります。ほかには、特に、岡潔を取り上げなくてはいけない理由が見当たらないのです。

それで、その本（前掲《ぜんけい》『数学者・岡潔 日本人へのメッセージ』）を読み返してみると、「私は、十九歳ぐらいのころに岡潔先生の本を読んでいた」ということを書いてあります。確か、全集も単行本も読んでいたと思います。十九歳のころに数学者の本が読めたということは、受験などで数学を勉強していたことが少しは役に立ったのかなとも思うのです。

岡潔さんは、「数学の悟《さと》りと仏教の悟りは一緒《いっしょ》だ」というような面白いことを言っていました。それで、「本当だろうか」と思って、若いころにしばらく

『数学者・岡潔 日本人へのメッセージ』（幸福の科学出版刊）

●バートランド・ラッセル（1872 ～ 1970）　イギリスの哲学者、論理学者、数学者、貴族。1955 年、ロンドンにて、アインシュタインと共に米ソ冷戦に対して、核兵器廃絶・科学技術の平和利用を謳《うた》った「ラッセル＝アインシュタイン宣言」を発表した。

参究していたことがあったのです。

実は、現代では、哲学者にも数学をやっている人は多くいます。古代ギリシャのアリストテレスもそうですが、現代の欧米《おうべい》の哲学者には、数学者を兼《か》ねているような人が多いのです。例えば、バートランド・ラッセルも数学者で哲学者ですし、日本の哲学者・西田幾多郎《にしだきたろう》も数学等をやったりしたようです。

一見、正反対のようにも見えるのですが、論理学的に考えたりするには、数学が役に立つこともあるらしいのです。

そのようなわけで、記憶が薄《うす》れたり忘れたりすることはあったとしても、「何かで訓練したものや、少しでもかじったことがあるものというのは、あとで役に立ってくることが多い」ので、バカにしてはいけないと思うことはよくあります。

●西田幾多郎（1870 ～ 1945）　近代日本の代表的な哲学者。1894 年、東京大学選科を卒業。金沢の第四高等学校教授等を経て、京都帝国大学教授となった。日本人独自の体系の樹立を試みた最初の哲学書『善の研究』等で知られる。

まだ頭が柔《やわ》らかいうちに、まったくそういうところをくぐっていない人というのは、「あとで大きな損をするかもしれないな」とも思うのです。

3　人生を無駄《むだ》にしてしまった人の事例

立花隆《たちばなたかし》氏が結局、信じられなかったもの

また、先日、ジャーナリストで、もう七十八歳《さい》になった立花隆《たちばなたかし》さんの『知的ヒントの見つけ方』という本が出ていたので、買って読んでみました。

ところが、もはや〝老人の繰《く》り言《ごと》〟のようになっていて、読むところがほとんどなかったので、「ああ、こういう人も、いちおう年を取るのだな」と思いました。年を取ったために、鋭《するど》さや、勉強して緻密《ちみつ》に書いていたようなところ

がなくなっており、何かボケた愚痴《ぐち》のようなものが非常に増えているのです。

ただ、印象的なところが一カ所だけありました。それは、死後の世界について書いているところです。

あの人は、脳死や臨死などについてたくさん研究して本を書いて売ったのですが、最終的に、「あの世を信じていなかった。あの世を信じることはできなかった」というのが結論だったのです。ところが、彼のその結論を知らない人が数多くいるわけです。

立花さんは、そういった本を書いて売りましたし、ＮＨＫスペシャルなどで、けっこう、脳死問題や臨死問題などを追究しました。

そのため、彼の番組を観《み》た人や、本を読んだ人たちのなかには、てっきり、「あの世の証明をしているのではないか」と思った人がたくさんいるでしょう。

実際は、彼のマーケットではない人たちが、「あの世の存在を証明しようとしてくれているのだ」と勘違《かんちが》いして、けっこう、彼の本を読んでいるのです。

結論については、本当は少ししか書いていないにもかかわらず、「あれもありえる。これもありえる」というように、たくさん場合分けをしてファジー（曖昧《あいまい》）になっており、いろいろな層の人をキャッチできるように書いています。彼の本には、「死んだら、光のトンネルを通ってあの世に行く」とか、「お花畑が見える」とか、「三途《さんず》の川を渡《わた》る」とかいう話も出てきます。

しかし、結局は、「これらは、もともと、人間の脳に備わっている機能であって、死ぬときの苦しみを和《やわ》らげるために、脳の側頭葉《そくとうよう》部分から脳内モルヒネというものが出されて、それが、お花畑とか、光の感覚とか、あの世の世界のようなものを本人に見せているのだ。まるでモルヒネでも打ったかのように、幻覚《げんかく》のうちに本人を安楽死させるために、そういうものが分泌《ぶんぴつ》されるのだろう」というようなことが、彼の結論なのです。

ただ、「立花隆のファンだ」と思っていた九割以上の人は、彼がそういう人だとは思わず、科学的に霊界《れいかい》の証明をやっているものだと思って読んでいたので、結局は、がっかりしたというわけです。

勉強しても無駄《むだ》になってしまうケース

その立花隆さんの本（前掲《ぜんけい》『知的ヒントの見つけ方』）は以前に書いた文章を集めたものだったので、実際に書いたのは、七十八歳ではなく七十四歳ぐらいのときだったのかもしれません。

その本によると、お孫さんの二人が、夏などにテレビでやっている心霊番組のようなものを観たのだと思うのですが、「幽霊《ゆうれい》が映っていたよ」というような話をしてきたそうなのです。

お孫さんたちが、「幽霊がテレビに映っていた。幽霊は、やっぱり、いるんだ」というようなことを言っているので、「なんてバカなことを言うんだ」と、おじいさん（立花隆氏）が怒《おこ》っているわけです。「私の研究の結果、あの世などあるわけがないのに、子供はすぐに騙《だま》される」とでも思っているのでしょう。

また、「テレビ局も、そういう思わせぶりな番組を流して、けしからん。私が務めていたBPO（放送倫理《りんり》・番組向上機構）の委員の立場から見れば、そういう科学的真理でないことは、放送してはならないことになっている。なのに、隙《すき》を見て、幽霊が映っているかのような映像を番組で流したりして、視聴《しちょう》率《りつ》を取ろうとしている。けしからん」というようなことを書いていました。

そして、「孫がそんなものに騙されるのが情けない」といったことを書いているのです。

ただ、こちらから見ると、「ああ、今、七十八歳になっても、まだあの世が信じられないんだ。かわいそうにな」と思うところもあります。「勉強してきたことが、〝ガラクタの山〟だった」というのは悲しいものです。

立花隆さんは、若いころは筆力《ひつりょく》もあるし、頭も切れて、論理的な文章で批判を封《ふう》じ込《こ》め、反論を封じ込めて戦ってきたのでしょうが、七十八歳というよい年齢《ねんれい》になって、「死んでもあの世はない。三途の川も光のトンネルも、みな、脳が出す物質によって見るものなのだ」と思っているわけです。そのような人生観であれば、もう、あとの死ぬまでの時間はとても虚《むな》しいだろうなという感じがします。

私も、ずいぶん本を出したし、講演もしたので、「もういいのではないか」と思ったりもするのですが、そんな私から見ると、「ああ、立花隆さんは七十八歳にもなって、まだ、『死んでもあの世はない。霊はない』などと言っているんだな」と思うのです。

また、彼は以前、恐山《おそれざん》に行って、亡《な》くなったお父さんやお母さんなどの霊をイタコに呼んでもらっている人の現場を、半日ぐらいずっと取材したそうです。そのときに、津軽《つがる》弁で霊が語っているのを聞いたり、それをお父さんだと思って話したりしているのを見て、「バカバカしい。こんなくだらないこと」と思ったというようなことを書いていましたが、「本当にかわいそうだな」と思います。

確かに、信じがたいものもあるとは思います。例えば、「イタコに降ろすと、美空《みそら》ひばりの霊が津軽弁で話し出すなどというのは信じられない」というのは、分からないこともありません。

ただ、毎日のように霊現象を体験している者からすると、「ああ、いくら本を読んでも、結論は出ないというか、分かりはしないんだな。学校の先生で、教えてくれる人もいなかったんだな」と思うと、本当に、「人生というのは、どんなに勉強をしても、結論が外れていたら虚しいものだな」という感じはします。

「最終結論」を間違《まちが》えると、人生はどうなるか

もちろん、唯物論《ゆいぶつろん》や無神論で、霊魂《れいこん》を信じていなかったとしても、ある程度の道徳観念があって、善人として生き、世の中の役に立った人であれば、あの世に行ってから一定の時間、説得を受けたりすれば、霊的なものを受け入れることがあるとは思います。

しかし、ガチガチの理論派で、「自分が納得《なっとく》しないものは、絶対信じない」と言って頑張《がんば》っているような人の場合は、おそらく、死んだことが分からないままの状態が、五十年、百年続くのは確実だろうと思うのです。

死後も、地獄《じごく》の存在を認めないので、それがある種の地獄であることにも気

がつかずに、「そのまま病院にいる」か、「まったく孤立《こりつ》したところに独《ひと》りだけで住む」か、あるいは、「洞窟《どうくつ》のようなところに、繭《まゆ》にくるまったようなかたちで独りだけいるようになる」か、そのようなことを経験するはずです。それでも、おそらく、その意味が分からないだろうなと思うと、かわいそうになります。

そういう意味では、「この世的に頭がよかった」という人の場合、「本当に頭がよかったのか、よくなかったのか」の判定は、とても難しいでしょう。「最終結論」を間違《まちが》った場合は、本当に難しいなと思うこともあります。

立花隆さんも、学歴主義者ではあって、都立上野《うえの》高校から東大の文Ⅱに入り、それから、文学部のほうに行ったのではないかと思います。それで、文藝春秋《ぶんげいしゅんじゅう》に二年ぐらい勤めて、もう一度、東大に入り直し、哲学《てつがく》をやった人です。

ちなみに、この人は、「田中角栄裁判《たなかかくえい》」等を挟《はさ》んで、渡部昇一《わたなべしょういち》先生などと、そうとう激しく議論を交《か》わした人ではありますが、歯車が噛《か》み合いませんでした。

その根本的なところには、「渡部昇一先生は、あの世などを信じているほうだったけれども、立花隆さんは信じていないタイプの人だった」というところがあったのかなと思います。この世的な論理だけでやっている人の価値観と、もう少し違うものを信じている人の価値観とでは、ズレがあったのではないかという感じはするのです。

ある検事総長経験者の虚《むな》しい人間観

ほかにも、もう亡くなっている人ですが、一九八〇年代に検事総長を務めた方が、『人は死ねばゴミになる』という本を出していました。

検事のいちばん上まで行った方がそういう本を出しているのを見て、「ずいぶんかわいそうな人だな」と感じました。「人は死ねばゴミになる」と思っている方にとっては、死刑求刑《しけい》をして殺すのもわけのないことでありましょう。「人はどうせ死ねばゴミなんだ。長生きしてもゴミ、早く死んでもゴミだ」「ゴミは有害でないほうがよいから、腐敗臭《ふはいしゅう》が出る前に早く片付けるのがよい」と考えるのかもしれません。

おそらく、この人は、一流大学に入り、司法試験に受かって検事になり、出世してトップまで上《のぼ》り詰《つ》めた方なのでしょうし、死刑なども求刑して、実現させたような人でもあろうと思います。

ただ、「人は死んだらゴミになる」と思っている人が、検事のトップで、死刑求刑をしていると考えると、何だか虚《むな》しいものはあるなと感じます。

彼は、勉強の過程で、「あの世があるか、ないか」といったところに当たる「教養」を通過していないのだろうと思うのです。

例えば、素朴《そぼく》な田舎《いなか》の両親などであれば、「あの世がある」と思っている人もいるでしょうが、田舎から都会に出て、近代的学問というか、現代の学問を勉強し、いろいろな試験に受かっていった、いわゆる〝頭のよい〟人たちは、こうしたことについてまったく試験されていないというか、〝踏《ふ》み絵〟を踏まされていないという現実があるわけです。

要するに、頭のよし悪《あ》しにも、「二十歳《はたち》前後で判定されるもの」と「人間が死ぬ前の段階で判定されるもの」とがあって、これには非常に大きな問題があると考えています。

確かに、十八歳から二十歳前後で、この世的に頭がいいと判定される人はたくさんいて、そういう人たちは、文系でも理系でも、いわゆるエリートコースに乗るチャンスがあり、実際にエリートになるケースも多いだろうとは思います。

しかし、彼らは入学に際して、「あなたは、死後の世界を信じますか、信じませんか」と訊《き》かれるような面接試験を受けたこともなければ、答案を書いたこともないはずです。それは個人の問題とされ、訊かれはしないでしょう。もちろん、入社試験や昇進試験の面接でも、こうした質問はされません。

そういう意味で、エリートといわれる人たちも、はっきり二分化されると思います。要するに、「本当の意味での頭のよし悪し」については、「自分たちが生きている世界がどういう世界なのかを知っている」ということが、とても大きなことなのです。

あの世を信じる東大医学部名誉《めいよ》教授への悪口

数学や物理などがよくできる人のなかには、あの世の存在が信じられない人もいる一方で、信じられる人もいます。

例えば、先ほど述べた立花隆さんが書いた本には、「最近、東大医学部の名《めい》誉《よ》教授で、『人は死なない』という、あの世の存在を主張する本を出している人がいるが、東大の権威《けんい》を失墜《しっつい》させた」というような悪口が書いてありました。

しかし、医者があの世を信じても別に構わないはずです。彼らも、毎日のように死ぬ人を見ているわけなので、何か感じるところはあるのだと思います。

もし、人が死んだとき「ゴミになった」と思うだけであれば、どうせゴミになるものを救う必要はないでしょう。

「この人の命を延ばしたい」という思いのなかには、「ゴミが腐《くさ》らないように長期保存したい」といった気持ちもあるのかもしれませんが、こんな思いだけでは、そこまで一生懸命《いっしょうけんめい》にはなれないものです。やはり、この世に生きる意味があればこそ、命を延ばす意味もあるのではないでしょうか。

私は、医者のなかに、あの世を信じている人が半分やそこらはいても、いっこうにおかしくないと思いますが、一般《いっぱん》には、高学歴になれば、あの世など信じないものだと考えるようです。

また、大学の宗教学科や仏教学科を出ている人は、全員、あの世を信じているだろうと思うでしょうが、信じている人もいれば、信じていない人もいます。

例えば、「お寺の息子《むすこ》だから仏教学科に入った」という人のなかには、得度《とくど》して、僧侶《そうりょ》の資格だけは取り、お寺を継《つ》いではいるけれども、「学問的には、あの世はないことになっている」などと言って、実は信じていない人もたくさんいるのです。

こうした人は、「信じていないからこそ、お墓《はか》に囲まれたお寺のなかに住んでいられる」とも言えるので、それなりによい面もあるのかもしれません。信じていたら、家族だけでは怖《こわ》くて住めはしないでしょう。

これは教会も同じです。みなが集まって説教を聴《き》いている教会の礼拝堂《れいはいどう》の地下には、土葬《どそう》された棺桶《かんおけ》がたくさんあるかと思うと、さすがに気持ち悪くてたまらないですし、その教会を家族ぐらいで護《まも》っているのかと思うと、やはりゾクッとくるものはあります。

そのように、よし悪しはありますが、「職業的に信じていないのにもかかわらず、死者の供養《くよう》を儀式《ぎしき》としてやって、お金儲《かねもう》けをしていた」となれば、自分が死んだあとに職業的な倫理観は何らか問われるはずです。

「世には不思議なことがあるもので、生き物としては、肉体だけで十分に動いているようにも見えるのに、さらに肉体に魂《たましい》なるものが宿って生きている」などということは信じられないという人の気持ちも、分からないでもありません。

ただ、そういう人に真実が届かないことを、非常に残念に思っています。子供のときには信じられるのに、大人になっていくにしたがって信じられなくなるものです。霊能力についても、子供のうちは、五歳ぐらいまでは霊が視《み》えていても、小学校に入るころにはだんだん視えなくなって、大人になると普《ふ》通《つう》の人になり、まったく分からなくなる場合も多いのです。しかし、それは、「この世がいかにあの世から離《はな》れているか」ということの証明にもなりましょう。

4 「やる気が出ない」から脱出《だっしゅつ》するには

「受け入れられていない」からこそ、続けられること

そうした世の中で私は宗教家をしているわけですが、本を出しても出しても、講演をしてもしても、「暖簾《のれん》に腕押《うでお》し」「糠《ぬか》に釘《くぎ》」「豆腐《とうふ》に鎹《かすがい》」のような感じもします。映画をつくったりもして、あの手この手と繰《く》り出してはいるのですが、大多数のところにはなかなか届かないという感じもあって、残念な思いもずいぶんしています。

ただ、自分の仕事が完全には認められず、受け入れられていないのであれば、「まだ仕事をし続ける意味がある」とも言えると思うのです。

みなさんも、自分の仕事について、つまらないとか、虚《むな》しいとか、役に立っていないとか、やる気が出ないとかいうふうに感じることもあるでしょうが、「世の中の人を啓蒙《けいもう》し切れないうちは、まだ仕事は終わっていないのだ」と考えることもできるはずです。

毎日の仕事はパッとしないものかもしれないし、一年の仕事も十年の仕事も、振《ふ》り返るとパッとしないかもしれません。あるいは、「自分の仕事は、大きな組織のなかの一部分を支えているだけ」といったこともあるだろうとは思います。

しかし、ときどきは、自分自身の立場を離《はな》れ、大きな目で見て、「自分がしている仕事は、社会のなかでいったい何を受け持っているのか」を考えてみてください。それが大事ではないかと思います。

「やる気」というのは、教わったから出せるというものでもありません。これは、努力して、一生懸命《いっしょうけんめい》、マッチを擦《す》って火を点《つ》けるようなものなのです。そうした、切り替《か》える努力や習慣を身につけていくことが大事なのではないでしょうか。

やる気が出ない原因①──周りからの評価

というのも、やる気が出ない理由として、「自分のやっている仕事が認められない」とか、「周りから評価されない」とか、「社会的に尊敬されない」とかいうこともわりあい多いものですし、「やってもやっても消えていく」といった仕事もあると思います。

私の母親も、私の子供時代に、「女の仕事は毎日消えていくだけで、何も残らないから、本当に面白《おもしろ》くない。男の人の場合は、事業をやったりして仕事が残るからうらやましい。女のほうは、おさんどん（朝昼晩の食事のこと）をつくったりしても、それは消えていくだけなので面白くない」とよく言っていました。ただ、それだけだとがっかりするかもしれないからか、「子供については、大きくなって、親としてやった仕事の結果が出るから、ちょっとうれしい」とも言っていたのです。

一方、父親のほうはいい迷惑《めいわく》で、「食べさせても食べさせても、大きくもならない。〝無駄飯《むだめし》〟を食べている」といったことを言われていました（苦笑）。

確かに、大人になると、食べても太るぐらいのことかもしれません。「子供は大きくなるからまだ仕事のしがいもあるけれども、父親のほうはやっても無駄だ」と母が言っていたのを覚えています。

みなさんも、こうした、毎日繰り返しやっている仕事について、「世の中の進歩にも大して役に立たないし、自分自身の自尊心や名誉心《めいよしん》にもつながらないし、地位も上がらないし……」など、いろいろと思うことでしょうし、確かにそれはそうかもしれません。

ところが、普通《ふつう》の状態から、突如《とつじょ》、何らかの条件が欠けたときには、急に意味が変わることもあります。

「毎日毎日同じ仕事を繰り返し、出世も遅《おそ》く、部下を持つこともなく定年を迎《むか》えるかもしれない」といったサラリーマンであっても、もし、「病気をした」

とかで「急に家でお金が必要になった」となったら、月給が出る仕事に就《つ》いているることだけでもありがたく感じるはずです。

やる気が出ない原因②——自分の仕事をどう見るか

また、「世の中に付加価値というか、何か価値を生み出さないと生きている実感が持てず、やる気が出ない」という人もいます。

例えば、私が大学に入ったころに親戚《しんせき》の家を訪ねたとき、次のようなことがありました。ちょうど、テレビ番組で、レポーターが東大の五月祭か何かの内容について話していたのですが、「東大生は、『人は、生きるために食べるのか、食べるために生きるのか』といった議論をしていましたが、頭がついていきませんね。よく分からない」というようなことを言っていたのです。

それを見ていた親戚の伯母《おば》さんは、「もちろん、食べるために生きるのよね」と言ったので、私のほうは、「まあ、そういう考えもありますね」と答えました。

そのテレビ番組によると、東大生たちの意見の主流は「生きるために食べるのであって、食べるために生きるのではない」というものであったらしいのですが、これに対して、芸人のレポーターがなかなか納得《なっとく》していなかったところを見ると、世間《せけん》では、「食べるために生きるのだ」と考えるのかもしれません。

特に、戦争時代、戦時中などを経験した人にとっては、「食べるために生きる」というのは、そのとおりなのかもしれません。

それでもやはり、満足できないものや、やる気が出ないもののなかには、「自分のしている仕事や勉強などが付加価値を生み出せていないために、納得できない」ということもあるのかもしれません。

ただ、これは、心のなかの世界のことでもあるし、極《きわ》めて主観的なものではあるので、考え方を少し変えていくしか方法はないのではないかと思います。

「自分の仕事はつまらない」と思っている人は、それによって自尊心を少しずつ損《そこ》なっているようなものです。「つまらない仕事だ」と思えば、つまらない仕事に見えてくるものなのです。

やる気が出ない原因③——一足《いっそく》飛びに偉《えら》くなりたい

それから、「一足《いっそく》飛びに偉《えら》くなりたい」と思っている人もいますが、一足飛びに偉くなれないからこそ助かっているところもあります。

多くの人が偉くなりたいと思い、新入社員なら半分以上が「社長になりたい」というようなことを言いがちですが、社長になったらなったで、今度は、重い責任や、大勢の人の生活の心配をしなければいけないことなどが入ってきます。普通なら若い人が考えなくてもいいようなことを考えなければならなくなるので、厳しいことは厳しいわけです。

それだけ多くの人の責任を背負えるようになるためには、一定の準備期間があったほうがありがたいことではあるのに、「出世が早くなることが善だ」というように考えるならば、人よりも早く重荷《おもに》を背負うことになります。そして、人よりも早く重荷を背負うと、結局はきつくなるのです。

そういうことがあるので、あまり物事を一面的に考えてはいけないでしょう。

正直に言って、私自身も、若いころは「下積み」や「雑巾《ぞうきん》がけ」といった、凡事徹底《ぼんじてってい》的な考え方はあまり好きではありませんでした。上の人は、「雑巾がけをしなければいけない」などと言うのですが、何となく日本的ないじめの構造のように見えるのです。外国だと、才能があればサーッと使ってもらえたり、勉強がよくできたらズバッと昇進《しょうしん》したりして、年齢《ねんれい》と立場が逆転して、自分より年上の人の上司になれることもあるのに、「なぜ日本はこんなことをさせるのか」と思うわけです。

「下積みの仕事」が、あとになればなるほど効いてくる

こういうことは、幸福の科学の宗務《しゅうむ》本部などを見ていても、そう思うことがあります。

最近、当会の宗務本部に警備の仕事ができ、出入り口付近のボックスに入って、二時間交代ぐらいで警備をしているようです。採用された若手からすれば、「宗務本部に入ったらエリートかもしれないと思っていたのに、ボックスに入っているだけか」と思うようなことも、おそらくはあるかもしれません。

私が一日に一回か週に数回ほど出入りをするので、その出入り口のところでボックスに入って警備をしているわけですが、実は、私のほうは、私たちが帰ってきたことにその人がどのあたりで気づくのか、その速度を計っているのです。

鈍《にぶ》い人は、やはり、門を開けるのも遅いのです。俊敏《しゅんびん》な人は、「ここでもう、帰ってきたことが分かるのか」というようなところで門を開け始めるので、これは昼寝《ひるね》をしていない証拠《しょうこ》でしょう。

そのように、「あれ? もう開き始めた。すごく早いな。どうして分かるのだろう。ここの角度からは見えないのではないか」と思うようなところで開け始める人もいれば、私が門のギリギリまで来て、「もう自分の手で開けようか」と思うようなところで、やっと開け始めるような人もいるわけです。

そのように、同じような仕事をしていても、こちらは、人によって反応速度に違《ちが》いがあることをしっかりと分かっています。本人たちは、自分が警備に入っているときのことしか知らないので、ほかの人はどのタイミングで門を開けているのかは、意外に分かりません。しかし、こちらのほうは、人によって反応速度が違うことを、しっかりと分かっているわけです。

一方で、警備する側から見れば、「今までは、総裁と顔を合わせられなくて、『隠《かく》れていろ』と言われていたが、会うことができるようになった」というプラスの部分もあるでしょう。

いずれにしても、警備している横を、私が狐狸庵山人《こりあんさんじん》のような格好をして、ボケッと通り過ぎていくので、「遠藤周作《えんどうしゅうさく》が化《ば》けたような、老人のような格好をして出かけている」と思っているのかもしれないけれども、こちらからすれば、「横顔をチラッと見ただけで頭の中身が読めるのが分かっているのか」ということです。そういうところでも、昔にはなかったような仕事も発生してはいます。

とにかく、世の中には、つまらない仕事のように見えても、ないと困る仕事もあるし、つまらないと思われているような、世間では「雑巾がけ」と言われるような「下積み」が、あとになればなるほど、けっこう〝効いて〟くることがあるので、不思議な気がします。

「雑巾《ぞうきん》がけ」の修行《しゅぎょう》が自分を護《まも》る力になる

政界では、小泉進次郎《こいずみしんじろう》さんのような人でも、大臣になることをまだ拒否《きょひ》しています。「雑巾《ぞうきん》がけが足りない」といったことを、三十代で自分で言ったりしているのです。やはり、政治家一族だけあって、「雑巾がけ」という、いわゆる雑用というか「下働き」をもっとしておかないと、早くから偉くなったら嫉《しっ》妬《と》されることだけはよく知っているのでしょう。

実は、この嫉妬を防ぐ方法の一つが、「雑巾がけ」なのです。

「下積みとして、人が嫌《いや》がるような仕事を、どれほど真面目《まじめ》に、熱心に務め上げてきたか」ということが、実は、他の人の嫉妬を防ぐ力になるということです。これは、意外に分からないものなのです。

いきなり入ってきて、すぐに偉くなり、評価もされて、尾根《おね》から尾根へトントントンと上がっていくのもかっこいいのですが、これはたいていの場合、スピンアウトするので、なかなか難しいところがあります。

したがって、「雑巾がけ」と言われる修行《しゅぎょう》をしている間に、何をプラスアルファで修行していたかということが大事になってきます。それは、つまり、「自分が勉強し、心掛《こころが》けていたことは何なのか」「同じ仕事をしていても、その間に考えていたことは他の人と同じか、同じでないか」「何か工夫《くふう》しようとしたか、しなかったか」といったことです。

こういうものが全体的に滲《にじ》み出てきて、その人を護《まも》る力になっていきます。不思議ですけれども、そういうものは、何となく分かるのです。

世の中の人は騙《だま》せない——日本人は〝一億総霊能者《れいのうしゃ》〟

ですから、世の中の人をバカにしてはいけません。

もちろん、霊能者《れいのうしゃ》というのは、たまにいますし、幸福の科学にもいますけれども、本当のことを言えば、人はみな霊能者なのです。世間の人々は全員、霊能者のようなものであり、騙《だま》せないのです。その人がどういう人かということが、何となく分かってしまいます。お互《たが》いに「分かったね」というようなことを言い合ったりはしなくても、集合想念《そうねん》として分かってしまうのです。

これを学問的に言えば、統計学的なものに当たるのかもしれません。

確かに、「千人に取ったアンケートが、なぜ日本国中の答えに相当するのだ」

「一万人に訊《き》いたものが、どうして一億数千万人のものに相当するのだ。おかしいではないか。そのアンケートを取ったところだけに特別な人がいたらどうするのだ」と思うことはあります。駅前でアンケートを取ったといっても、駅前には一定の種類の人しかうろうろしていないかもしれませんし、電話でアンケートを取ったといっても、アンケートに答えなかった人のなかには思慮《しりょ》深い人がいるかもしれません。「有効回答率は六十パーセント」などとなっているようなものはわりあい多いので、そういうものを見ると、「あとの四十パーセントはどうか分からないではないか」と思うものです。

ところが、統計学的なものは、アメリカの大統領選挙でトランプ大統領が当選したときは当たらなかったものの、日本の場合は、なぜかほぼ当たります。というのも、この国が非常に「空気で動く国」だからでしょう。

ただ、「空気で動く」ということを別の観点から見れば、これは〝一億総霊能者〟なのです。要するに、難しいことは分からないけれども、その人の人となりや感じ、どういう人であるかということが分かってしまうということです。それは、例えば、テレビ画面に一時間映るというようなことだけでも分かってしまいますし、ちょっとした雑談をしているところを見ただけでも分かってしまいます。あるいは、何か質問を受けて、答えているところを見ただけで、「あっ、こんな人なんだ」というようなことが分かってしまうこともあれば、顔つきで分かってしまうこともあったりと、いろいろなことがあるわけです。

ですから、世の中は、けっこう恐《おそ》るべきものだなと思います。

最初から「やる気」が出るような仕事や勉強はない

やる気が出ない人、要するに、「仕事がつまらないからやる気が出ないし、勉強もつまらないからやる気が出ないし、ほめてもくれないからやる気が出ない」と思っている人もいるとは思いますが、ほかの人も、条件は似たようなものなのです。最初から、面白くてワクワクするような仕事が来るわけもなく、ワクワクするような勉強ばかりが来るわけでもありません。

それは、長く噛《か》んでいるうちに、だんだん味が出てくるスルメイカと同じようなもので、勉強もやっているうちに面白くなってくるし、仕事もやっているうちに面白くなってくるところがあるわけです。

また、先ほども述べたように、みな〝一億総霊能者〟のようなものなので、「この人は、その仕事では力が余りすぎていてもったいない」という感じが出てきたら、周りの人にも、それが分かってきます。「この人は、こんな使い方をしていたらもったいないな」ということを、みながだんだん分かってきて、「もう少し責任のある仕事をさせないといけないのではないか」とか、「判断業務をさせなければいけないのではないか」といったことに気づいてくるのです。

周りの人がそれに気づかないということは、やはり、まだそこまで〝突《つ》き抜《ぬ》けて〟はいないということです。

5　他人《ひと》の「やる気」を出させるには

「偉《えら》くなるとはどういうことか」に答えられるか

それから、「偉《えら》くなりたい」という人はたくさんいますが、「偉くなるとはどういうことか」と訊《き》いてみると、答えられない人は大勢います。とにかく、「人から祀《まつ》られて、いい気分になるのだろうな」ということは想像するのでしょうが、「偉くなるとはどういうことか」ということについては、なかなか分からない人が多いようです。

では、人の上に立つ人、上司とは、どういう人のことをいうのでしょうか。

上司とは、「仕事をくれる人」のことなのです。

ですから、「自分はヒラ社員で、全然偉くならない」と嘆《なげ》いている人は、「仕事とは何か」と訊かれたときに、その答えがまったくの受け身であり、「与《あた》えられたものをこなすこと」というように捉《とら》えているとしたら、それは「部下の哲学《てつがく》」であり、「部下に向いている」ということなのです。「仕事は与えられたらやります。仕事をくれないので、今はありません」というのは、部下要員だということを意味しています。つまり、人の上に立つべき人ではないということです。

人の上に立つ人とは、どういう人かというと、それは仕事をくれる人です。

その人は、仕事をくれるのです。周りの人がお手伝いをしなければいけなくなるような仕事をしている人、あるいは、ほかの人に伝えたり、運んだり、影響《えいきょう》させたりする仕事が、二次的、三次的に生まれてくるような仕事をしている人が、上司であり、人の上に立つ人なのです。

また、ある意味では、「自分は上司である」と言うのなら、どんな仕事を人にあげられるのかを考えてみることです。もし、人にあげられる仕事がないのなら、たとえ、チーフだ、部長だ、局長だといった役職がついていたとしても、あなたは担当者レベルの仕事をしているにすぎません。「他人《ひと》にあげる仕事がないのなら、担当者なのだ」ということです。

ですから、「上司になる」ということは、「他人に仕事をあげられる人になる」ということなのです。

周りに与《あた》えている仕事は正当なものか

もちろん、「その人がやると仕事が増える」というタイプの上司もいます。その場合にも、部下に仕事を与《あた》えるということにはなりますけれども、「その上司がやった仕事を全部やり直さなければいけないために、ほかの人の仕事がたくさん増えてくる」というのであれば、上司としてふさわしいかどうかは疑問でしょう。

その人がやる仕事にはたくさんミスが出るため、全部やり直していかなければいけないのに、それで、「部下に仕事をつくってやっているんだ。どうだ、上司だろう」と言うのは、これはおかしいのです。

これは、ちょうど、「犬を連れて散歩している人間のほうがご主人様なのに、犬があちこちでうんちをして回るので、犬のうんちをビニール袋《ぶくろ》に入れて持ち歩かなければいけない」ということと似ています。

これだけを見ると、どちらがご主人様か分かりません。近所の人に怒《おこ》られるので、うんちをして歩くお犬様のために、ご主人様のほうが後片付けをさせられているのです。こういう状態が、会社仕事のなかでも起きることがあるわけです。

「自分にはたまたま才能がある」とか、「能力がある」とか、「天才だ」とか、「一流大学を出ている」とか、「何らかの資格を持っている」とかいう人が、自分なりの判断で〝独走〟することもありますが、そのあとの後始末《あとしまつ》が大変であることもあります。あるいは、その人が交通事故風に激突《げきとつ》しないように、その人を避《よ》けるための警告を周りの人に発しなければいけないなど、たくさんの手がかかる場合もあります。

しかし、これは上司の条件とは違《ちが》います。アウトローであって、できれば、座敷牢《ざしきろう》に入れてしまいたいタイプの人でありましょう。「できるだけ何もしないでください」と言いたくなるようなタイプの人なのです。

こうであってはいけません。「人の上に立つ」ということは、「人に正当な仕事を与えて、会社なり組織なりの仕事をより大きくできるような人になる」ということなのです。そういうことが大事です。

デール・カーネギーの「人間は重要感のために働く」という言葉

それから、「人の上に立つ」ということは、「ほかの人をほめられる人になららなければいけない」ということでもあります。

他人をくさしたり、非難したりするだけなら、下からでもできます。これは、民主主義の原理もそうです。一介《いっかい》の庶民《しょみん》が、総理大臣でも大統領でも、批判して投票で落とすこともできれば、当選させることもできます。民主主義の原理のなかには、「人の粗《あら》などは、誰《だれ》にでも分かる」という常識が入っているわけです。

しかし、人の上に立つときには、どうでしょうか。総理大臣あるいは大統領になって、国民の悪口ばかり言っていたら、すぐにクビがなくなるでしょう。

人の上に立つ人は、「さまざまな持ち味を持っている人たちが、それぞれ上手に生きていくためにはどうしたらよいか」ということを考えなければいけないし、そのためには、適材適所も考えつつ、ほめるべきところはほめ、伸《の》ばすべきところは伸ばしていかなければいけないのです。

私は、わりあい若いうちに、「人をほめること」の重要さに気づいていたほうです。

デール・カーネギーは、「人間は重要感のために働く。いちばん欲《ほ》しいのは重要感であり、『あなたが重要だ』と人から認めてもらうことを、いちばん欲《ほっ》しているのだ。お金でも地位でもなく、根本《こんぽん》は重要感である。したがって、『あなたがいることで、どれほど助かるか』とか『みんながどれだけ期待しているか』とか、そういう重要感を与えることが大事である」というようなことを言っています。

まことにそのとおりで、人間は重要感のために生きています。そういうところはあるのです。

やる気を出させる「上手なほめ方」

ただ、自分自身を振《ふ》り返ると、重要感が大事なことは分かっていましたが、若いころは、ほめるのがまだ下手《へた》でした。一般《いっぱん》的に、若い人はほめるのが下手なのです。

私も若いときは下手で、ほめるものの、少し極端《きょくたん》なほめ方をしたり、場違いなほめ方をしたり、相手が誤解するようなほめ方をしたりするようなこともあって、反省することが多々あったのです。

いろいろなことを経験し、何もかも分かった上でほめる場合は、相手にとって本当にありがたいことであるけれども、そこまで至っていない人がほめる場合は一面的なことがとても多いので、気をつけないと、〝ほめ殺し〟になってしまったり、〝ヨイショ落とし〟のようになってしまったりすることもあるわけです。

例えば、ほめたことが原因で、あとで反発されるようなこともありました。その人は、ほめられたあと、しばらくは機嫌《きげん》よくやっていたのですが、ほめられたときと逆の立場になると、「あのときはほめてくれたのに、今はひどいことを言いますね」というように言ってきたのです。

そのとき、私が考えたのは、「重要感が大事なので、人をほめることは大切だが、『そのなかに、利己心がないかどうか。自分自身の利己心のために人をほめていないか。あるいは、嘘《うそ》がないかどうか。嘘でほめていないか。あるいは、きれいごとや飾《かざ》りのために、人をほめていないか』を点検する必要がある」ということです。

「人をほめて、相手がそれを信じたら、カーネギーが言うように、動いてくれる」と考え、人を動かすためだけにほめていたら、どこかで人間関係が破綻《はたん》することが多かったのです。

カーネギーの本をよく読めば、「心の底からほめる」ということもきちんと書いてあるのですが、若い人の場合には、「心の底からほめる」ということはなかなかできないことが多いのです。

「相手が勘違《かんちが》いしないように、実感として、ほめるべきことはほめる」ということや、「押《お》さえるべきところは押さえて、『ここはちょっと注意しなければいけないかなと思う』と言いつつも、『しかし、こういうところはよかったと思うよ』『全体的には、こう感じるよ』というような言い方をする」ということが大事であり、その加減《かげん》がとても難しいことが分かりました。

静かにゆく者は遠くまでゆく

あとは、「やってもやっても、人からほめられないので欲求《よっきゅう》不満だ」という人もたくさんいるでしょう。特に、能力の高い人はそうだろうと思います。

しかし、「自分としてはよくやっている」と思っても、周りの人から見たらギラギラしていて、周りの人の目を害している場合には、人はほめてくれないのです。それは知っておいたほうがよいでしょう。

やはり、自然体であることです。「静かにゆく者は遠くまでゆく」という言葉（『仏陀再誕《ぶっださいたん》』〔幸福の科学出版刊〕参照）をよく味わって、人を害さずに自己実現をしていく方法を選ぶべきです。

いかにも「自分がやっていますよ！」というような雰囲気《ふんいき》で認められようとするのは、よくないことです。

6 「やる気はあるが、仕事がない」という人へ

職場で〝上昇《じょうしょう》〟圧力を生む二つの力

それから、「偉《えら》くなりたいし仕事もしたいと思うのに、仕事がない」という人も必ずいることでしょう。

こういう人に対して述べておきたいことは、「『今、仕事がない』と言うなら、あなたには企画力《きかくりょく》がありますか。提案力がありますか。企画とか提案とかができますか」ということです。

そう言われると、すぐに、「いやあ、頭一つ飛び出すから、そういうことはやってはいけないことで……」などと言い訳をするかもしれません。しかし、「やろうと思えばできますか。何が企画できますか。何が提案できますか」というのは大事なことなのです。

若いうちは、企画や提案をしたところで、そのまま採用してもらえることはありませんし、それで組織がガーッと動いたりするわけでもありません。お金と人手がかかるため、組織は簡単には動いてくれませんが、企画・提案力があるということは、その人の〝上昇《じょうしょう》〟圧力には必ずなります。

企画《きかく》を提案するときに大事なこと

ただし、若いうちに企画《きかく》・提案力がある場合は、上司に「こういうことを企画しました。こういうことができるのではないでしょうか。こういう提案があります」と言ったとき、もし上司から「では、君がそれをやってくれるか」と言われたならば、企画・提案をする以上、「やります」と言えなければ駄目《だめ》なのです。

つまり、「誰《だれ》かにやってもらいたい」「誰かがやってくれるといいな」というだけの企画・提案だったら、駄目だということです。若いうちは、企画・提案をする以上、上司から「分かった。それはいいことだ。君がやってくれるか」

と言われたときのことも想定し、「はい。分かりました。私がやります」という答えまで持っていなければいけないのです。

「誰かにしてほしいな」というだけでは駄目で、「君がやってくれるか」と言われたら、やれる人であることが大事なのです。

提案した上で、「自分なら、こうする」というところまで考えていながら、問題点や企画すべきことを提示できるかどうか。有能な上司なら、そういうことを待っているはずです。

また、そこまでできる人は、自分が上司になってからも違《ちが》います。

こういう企画・提案をする人は、上司になったときにも、アイデアを出すことがあります。そして、それを部下に投げかけて仕事をさせる場合に、「自分なら、こうする」という考え方を持っていて部下に任せるのと、まったくなくて任せるのとでは、意味が違うわけです。

すなわち、「『自分なら、こうする』という考えを持っているが、部下が違うアプローチをかける場合もある。そのアプローチでも可能性があると見たら、やらせるかもしれないし、駄目だと見たら、『やり方を変えるように』という指示をする」というのが上司の仕事なのです。これができるのが上司です。

そういうことで、「仕事がない」と思う人は、企画・提案を考えてください。

そして、「あなたがそれをやってみてください」と言われたときには、「私なら、こうやります」という答えを持っている自分であっていただきたいのです。

このへんのことをよく考えていただきたいと思います。

出世しない理由、三つの病

繰《く》り返しますが、「上司」とは、仕事を与《あた》える人であり、仕事を与えられるのを待っている人は、「部下」なのだということです。

いくら「自分は偉い」と思っていても、仕事を与えられるのを待っているだけの人はたくさんいます。

実は、これが「出世しない理由」でもあります。これは、意外に〝大企業病〟でもあるし、〝官僚病《かんりょうびょう》〟でもあるし、あるいは〝一流大学病〟でもあるのです。

一流大学を出ている人は、自分から「しよう」と言わないことが多いのです。

組織の歯車であることに甘《あま》んじていて、仕事が来るのを待っているわけです。

「やってはいけないことに手を出さなければ、定年まで勤められる」と思っている人が多いのですが、そういうことで終わらないように、ときどき、自分の〝存在ＰＲ〟を兼《か》ねて、言うべきことは言ったほうがよいでしょう。

それで、「うるさい」と言われるようであれば、やはり、自分でそれを片付けていくことが必要になります。

「指示」の一言《ひとこと》から「その理由」を想像できるか

なお、上司によっては、頭から尻尾《しっぽ》まですべて丁寧《ていねい》に説明はしてくれませんので、上司から何か一言《ひとこと》言われたら、「それは何を意味しているのか」を

guess《ゲス》（推測）というか、想像して考えなければいけないことがあります。

そして、何か言われたときに、「この考え方だと、こういう問題が出てくるかな」と思うようなところがあれば、あらかじめ手を打つことです。そこまで頭を回転させると、「優秀《ゆうしゅう》だ」ということになります。言われたことだけを考えているのでは駄目なのです。

例えば、「タオルを持ってこい」と言われたら、タオルを持っていくまでの間に、「なぜタオルを持ってこいと言われたのか」ということを考えられないようでは、やはりいけません。そのへんを考えることが大事です。

その理由を言わない人がけっこう多いのです。特に、上のほうになってくると、いちいち理由を説明してくれないことが多く、「そのへんは自分の想像で埋《う》めなさい」と言われることが大多数です。

したがって、その理由を求めることが大事です。

以上、「何もやる気が出ない人へ」というテーマで述べました。ほかにも訊《き》きたいことがたくさんあるのではないかと思うので、幾《いく》つか質問を受けてみたいと思います（本書第2章参照）。

第2章

実践《じっせん》・マンネリ疲《づか》れ克服法《こくふくほう》

――質疑応答――

二〇一八年二月二十六日
幸福の科学　特別説法堂《せっぽうどう》にて

Q1　マンネリ化や惰性《だせい》を克服《こくふく》するには

質問者A　「やる気」についての質問をさせていただきます。日々の仕事や家庭生活において、未来の自分や社会に対して希望が持てないまま、生活がマンネリ化し、惰性《だせい》で生きている人も多いと思います。そうしたなかで、「このままではいけない」と分かっていても、やる気が出せずに苦しんでいることが多々あるように感じます。

そうした人々へのアドバイスをお教えください。

マンネリ克服法①──「時間割」で目先を変えて、達成感を得る

大川隆法　マンネリ化というのは、どなたにも経験のあることでしょうし、すぐに陥《おちい》ってしまうものではあります。

ただ、それを避《さ》ける方法は幾《いく》つかあると思うのです。

マンネリ化を避ける方法の一つとしては、昔、学生時代に勉強していたときのやり方を思い出すことです。

学校では、「時間割」といわれるスケジュール表があって、「○時間目は××を学ぶ」と決められており、それに基《もと》づいて、英語、数学、国語、理科、社会、体育というように勉強していたでしょう。

また、自宅での勉強でも、「○○を一時間勉強したら、科目を変えて、次は××を一時間」というように学んでいたのではないでしょうか。

あるいは、お稽古事《けいこごと》や学習塾《じゅく》等へ通うときにも、「水曜日はピアノのレッスンに行っている」「金曜日は剣道《けんどう》の練習をしている」など、いろいろとあると思います。

そこで、もし、今の生活がマンネリ化してきていると感じるのであれば、そうした昔のことを思い出しつつ、多少、科目を変えるというか、「幾つかのジャンルについてするべきことを自分なりに考え、進めていく」のが大事でしょう。

例えば、英語の勉強をするにしても、一日中、英語ばかりをしていたら、やはり、退屈《たいくつ》してきて、進まなくなってきます。

もちろん、世間《せけん》では、「期間中は英語しか話してはならない」という合宿に参加し、一週間ほど英語漬《づ》けにすることでベラベラになるといった企画《きかく》も行われていて、それはそれであってもよいとは思うのです。ただ、毎日毎日のこともなれば、そういうわけにもいきません。

一日中、英語の勉強をしていれば、どうしても効率は落ちてくるでしょう。一時間、二時間ぐらいなら集中力が続いたとしても、それ以上になると落ちていくので、そういうときには、やはり、科目を変えるべきだと思います。

「今日は、英語の勉強はもう二時間もやったな。これ以上やったら能率が下がってくるな」と思ったら、少し違《ちが》うものをやってみることです。例えば、映画を観《み》る。文学作品を読む。別の語学をやってみる。あるいは、「最近は理系のことを忘れてきたから、ちょっとずつでも理系ものも読んでいこうかな」という感じで、多少は違うものを入れてみるのもよいかもしれません。

そのような仕方で勉強していると、どこかの部分は少しずつ少しずつ進んでいるというかたちになります。こうした自分自身の進歩感、「進んでいる」という感じがあると、マンネリを打破して充実《じゅうじつ》感が出てくるのです。

マンネリ克服法②――小目標・中目標・大目標を立て直す

もう一つは、目標を立てることです。

若いうちは、「目標を立てるように」などと言われることがよくあると思いますが、中年以降になると、だんだん「惰性に流れていく」のも事実ではあるので、時折、引き締《し》めも必要になります。

マンネリ状態になると、目標も自動的になくなっている状態になることが多いのではないでしょうか。したがって、わりあい早めに達成できる小目標、そして中目標、さらに大目標といったものを、もう一回、考え直してみる必要があると思います。

あるいは、ベンジャミン・フランクリンが、いわゆる「十三徳」という徳目（節制・沈黙《ちんもく》・規律・決断・節約・勤勉・誠実・正義・中庸《ちゅうよう》・清潔・平静・純潔・謙譲《けんじょう》）を掲《かか》げて実践《じっせん》していたように、「人間の器《うつわ》」をつくるという意味において、自分自身に足りないものを考えてみるとよいかもしれません。

もし、まだ足りない徳目が幾つかあると思うならば、それを挙げて、日々こなしていくことです。

目標というものは、常に「仕事において達成するようなこと」だけではあり

●ベンジャミン・フランクリン（1706 〜 1790）　アメリカの政治家、外交官。フィラデルフィアにおいて印刷出版業で成功を収め、後に政界へ進出した。また、アメリカ独立宣言の起草や憲法制定などに参加。建国の父の一人として讃《たた》えられている。科学者、哲学者としても多くの功績を遺した。

ません。例えば、「人に対して優《やさ》しくありたい」「間違ったことをしたら、必ず反省をする」「一日に一回はきちんとお祈《いの》りをする」など、さまざまな徳目がありますす。そういったもののなかで、自分には足りないと思われる徳目を挙げ、それをこなしていくようにすることも一つでしょう。

マンネリを打破するには、このようなものも大事なことです。

マンネリ克服法③——物や情報を整理する

逆に、いろいろなものを雑然とやりすぎているために、進まなくなっているようなこともあるでしょう。仕事が忙《いそが》しくて、さまざまなことに手を出したり、中途半端《ちゅうとはんぱ》に噛《か》みついたりしていて、進まなくなっていることもあるわけです。

こういうときには、「整理整頓《せいとん》の達人」や「情報整理の達人」のような人がいると本当に助かります。そういう人が近くに一人でもいると、サッサッと片付くことがあるのですが、いない場合には自分自身で心掛《こころが》けるしかありません。

なお、私も、能率が上がらなくなり、やる気が出なくなって「進まないな」と思うようになったときは、身の回りを整理するのですが、こういうことは徳島県出身の人間としては極《きわ》めて苦手《にがて》なことなのです。

徳島県人というのは、物持ちがよくて、なかなか物を捨てないところがあります。「蔵《くら》が建つ」ではありませんが、もらった物は、全部、押《お》し入れのなかに積み上げる癖《くせ》があって、「もったいない、もったいない」ということで溜《た》まっていくのです。そのように、実に機能性の低い物持ちの仕方をする傾向《けいこう》があるわけです。

私にもそういうところはあるのですが、やはり、「思い切って整理する」ということも大事だと思います。

目の前にやりかけのまま置いてあるような仕事があれば、一度、整理する必要があるでしょう。「これは、すぐにはしないな」と思うものは、目の前から消して片付けておくことです。そして、「近いうちに、これはやりたいな」と思うものは置いておくのです。

そのような感じで、掃除《そうじ》をする必要があります。要するに、机の上を片付けたり、棚《たな》を片付けたりして、取りかかれる目先のものを少なくするわけです。溜まりすぎてきたら、整理しないと、はかどらなくなってくることがあるからです。

それから、終わったものについては、終わったものとして、きちんと目の前から消していくことです。

私のところでは、優秀《ゆうしゅう》な秘書がときどきそういうことを勝手にしてくれるので、本当にありがたいとは思っていますが、あまりにも早く物が消えすぎて困る場合も多々あります。「あれっ？　私がここに置いておいたのに、なくなってしまった。いったい、どこに行ったのだろう？」という感じで、もう諦《あきら》めるしかないことも多いのです。

いったん消えた物を探し出すのは極めて難しいので、なくなったら、「〝あの世〟に行ったのだな」と思って諦めるケースもよくあります。私は物持ちがよいので、もう少し持っていられることが多いのに、どこかに行ってしまうこともあるわけです。

マンネリ克服法④——勉強していることを生産物に結びつける

それから、いろいろな努力をしたり勉強をしたりするときには、なるべく、「何らかの生産物に結びつける」ということを考えたほうがよいだろうと思います。

むやみな努力を継続《けいぞく》していると、だんだんだるくなり、やる気がなくなってくるので、目先の何かを乗り越《こ》えて撃破《げきは》していこうとするならば、「その結果、何か卵を産めるか。何か遺《のこ》せるか」という視点を大事にしたほうがよいでしょう。

生産物を何かつくり上げることができれば、ある種の「達成感」にもなるはずです。「生産物なき努力」というものを無限にし続けると、やはり、停滞《ていたい》してくることがあります。

マンネリ克服法⑤ ──「見切り」と「諦《あきら》め」

したがって、そういう意味での「見切り」は大事でしょう。「見切り」なり「諦《あきら》め」も要《い》るのではないかと思います。

私の商社勤務時代に次のようなことがありました。

世界にはさまざまな言語があるので、当時から私もいろいろと学びたいと思うことが多くありました。そこで、あるとき、海外帰りの先輩《せんぱい》に次のように訊《き》いてみました。その人は駐在員《ちゅうざいいん》としてブラジルに六年間いたのですが、私は、

「商社マンであれば、仕事でポルトガル語なども要るのでしょうね。自分も英語以外の語学も勉強しておきたいと思うのですが、なかなかものにならないのです」と話したのです。

すると、その先輩からこんなことを言われました。

「とにかく英語だけはできるようにしろ。英語一つできれば、商社マンとしては何とか生き残ることが可能だ。だから、英語だけでも、ものにしたほうがいい。それ以外の言語までマスターしようなんて考えるのは、〝百年早い〟よ。マスターすることなどできない。

ブラジルに六年いたって、ポルトガル語もマスターできやしないよ。ほぼ使い道はない。だけど、英語ができなければ、商社マンとしてはおそらくクビになるよ。

英語といっても、みんな大してできないのだから、英語だけでも使えるようにすることだ。そこまで行っていれば、そうとうなものなので、やはり、見切ったほうがいいよ。まずは一科目、英語だけでいいから使えるようにしなさい。ほかの言語までマスターしようと思うな」

このようなことを、仕事でポルトガル語を使わなければならなかった人から言われた覚えがあります。つまり、第二外国語以上をマスターするには、そうとうな時間がかかるということです。

なお、「すぐ簡単にいろいろな言語ができるようになる」というようなことを言って自慢《じまん》する人も、なかにはいるかもしれません。確かに、挨拶《あいさつ》レベルであればできるかもしれませんが、仕事レベルのことまでできるようになるのは、並大抵《なみたいてい》のことではないわけです。

そういう意味で、あまり前に進まないで苦しんでいるというのであれば、思い切って一つのことに集中するのも大事なのではないかと思います。

例えば、「ウサギとカメの話」も有名ですが、これにはもともと、「自分の才能に驕《おご》ってはいけない」という戒《いまし》めも入っているわけです。何でもかんでもできると思ったら駄目《だめ》であり、自分に見切りをつけなければなりません。「自分がこれにかけられる時間は、この程度だ。これ以上やっても駄目なものは、あまり深追いしないようにしよう」という考え方も大事でしょう。

要するに、幾つか選択肢《せんたくし》はあったとしても、「これだけは押さえておきたい」というものがあるならば、「これについてはプロの域まで達しておく」というように割り切って、集中してものにすることも大事なわけです。

いずれにせよ、もったいないけれども、見切って捨てなければならないものもあるかもしれません。その過程において、自分の才能などを過信していていてプライドが高すぎる人は、残念ながら、そうとう苦しむだろうと思います。

マンネリ化を克服する方法について、幾つかのことを述べました。それぞれについて、もう一段、考えを進めれば、違ったことを思いついて道が拓《ひら》けるようになるのではないかと思います。

Q2 「人間関係」に疲《つか》れて、やる気が出ないときには

質問者B　どんな人でも、例えば学校や会社、幸福の科学なら支部等、何らかの集団に属していますが、人が集まれば、みなそれぞれに意見を持っていますし、喧嘩《けんか》もあれば、対立もあると思います。そういった「人間関係での疲《つか》れ」が出てきて仕事にやる気が起きない場合や、いろいろな人の意見が気になりすぎて仕事に集中できない場合などは、どうすればよいのでしょうか。

その組織は〝メダカの学校〟状態になっていないか

大川隆法　それは、もちろん、仕事の内容にもよるでしょう。

「成功への道、自己実現への道というものは、山登りによく似ている」と思うことが多々あります。麓《ふもと》付近にはたくさんの人がいたとしても、登っていくうちに、やがて一人になるようなものです。

結局は、一人で荷物を背負って山道《やまみち》を歩き続けなければならなくなるのですが、この登り道を歩き続けるということが、ある意味では、「孤独《こどく》に耐《た》える」ということにもなるわけです。

そのように、一緒《いっしょ》に登っていた人たちが見えなくなることのほうがむしろ多いので、「それでも、あなたは登れますか?」と問うのは非常に大事なことではないかと思います。

一方、多くの人と一緒に仕事をしていると、疲れたり、どうしたらよいかが分からなくなったり、やる気がなくなったりするようなこともあるでしょう。その場合は、〝メダカの学校〟状態になっているのかもしれません。

その状態でも仕事が進まないこともないのでしょうけれども、そういう状態というのは、「能力別にしたほうがよいのか」、「誰《だれ》がリーダーをしたらうまくいくのか」といったことが、まだよく分かっていない状態なのではないかと思います。

もちろん、個別に能力を発揮して頑張《がんば》ってもよいのですが、そういう「自分自身を生かす道」という観点と、「大勢の人で行うときには、どのように仕事を整理し、誰がリーダーシップを取ったほうがうまくいくのか」といった観点とがあるわけです。この両方の観点を持っていなければなりません。

「人前で活動する時間」と「正反対の時間」とのバランスが重要

私は、「大勢の人を相手に仕事をするような人は、その仕事とまったく正反対の時間と空間を持っていなければ、長くは続かない」と思っています。

大勢の人にいろいろな話をしたり、接触《せっしょく》したりしなければならない人であればあるほど、「一人の時間」というものが非常に大事なのではないでしょうか。それがなければ、本当に魂《たましい》のバランスが崩《くず》れてしまうのです。

例えば、お笑い芸人のなかには、「自宅では全然話をしない」などという人もけっこういるといいます。人前で話をする仕事をしている人は、たいてい、一人の時間・空間が欲《ほ》しくなるようなところもあるのです。一人の時間・空間が十分に確保できることによって、大勢の人に会ったり話をしたりするときに、機嫌《きげん》よく接することができる面もあるわけです。

人生においては、このあたりのところについてのバランスの取り方が、やはり、大事な部分ではないかと思います。

自分自身が、「何かをやり遂《と》げたい」と思っているときに、そのことに集中するための時間を取ることができ、納得《なっとく》するまで勉強を進めたり、考えを進めたり、仕事を進めたりできているならば、それ以外のところでほかの人と機嫌よく接することなどは、さほど困難なことではなく、平気でいられるものです。

ただ、自分の思っているものがまったく進まない状態であるのに、ほかの人とワイワイガヤガヤやっていると、片方の状態が非常に多くなってしまいやすいのです。

したがって、この「二つの面」について、自分のなかにある傾向性《けいこう》がどのようなものであるか、きちんとつかむべきでしょう。

「的確に」話し、「見極《みきわ》めて」処理をする

いつもいつも、せわしなくしゃべっているような人は、やはりうるさいですし、うるさくしていると、人から嫌《いや》がられ、嫌《きら》われることもあります。

ですから、最初はただただうるさく話をしているだけかもしれませんが、的確なことを的確に話し、それ以外のことについては話さないような訓練を少し

ずつ積んでいくことが大事です。

頭の回転の速い人は、話すのが得意なことが多い反面、人の話を聴《き》くのはどうしても苦手《にがて》なところがあると思います。

その場合は、人が話しているときに、その人が話そうとしていることを聴き取り、「あなたが言いたいことは、結局、こういうことですね？」と、要点を要約し、確認してあげられるようになるとよいと思います。そうした技術があれば、相手は大いに仕事が進み、話が進んでいくこともあるのです。自分で話をしていても、何を言いたいのかがよく分かっていない人もいるので、「ポイントを言えば、結局、こういうことですよね？」というように、少しでも合いの手を入れてあげれば話が進み、整理がついていくこともあります。

やはり、ただただ紛糾《ふんきゅう》するような会議ばかりがあると、少々つらいところもあるでしょう。

もっとも、時折、ブレーン・ストーミングのように、企画《きかく》会議等のなかでお互《たが》いの立場を無視して、〝無礼講《ぶれいこう》〟でさまざまな意見を言い合ったり、または、自分が勉強するものをブレーン・ストーミング的にやってみたりするのもよいとは思います。ただ、そのなかには、ひたすらやり続けるばかりで時間の無駄《むだ》になるものもあるので、やはり、「筋《すじ》を見極《みきわ》める力」のようなものを大事にしたほうがよいでしょう。

宗教等において人生相談を受けているときにも、そういうところはあるでしょう。いくら相談のためであっても、あまりに時間を取られすぎているようであれば、「どこかに無駄な部分がある」と思われるので、きちんと内容を整理し、ポイントを押《お》さえて、次のテーマに移ったほうがよいかもしれません。そういうジャッジをできる人がいれば、もっと早くなることでしょう。

人生には、「祈《いの》ること」と「耐《た》え忍《しの》ぶこと」しかできない問題もある

人生の問題のなかで、自力で解決できるものについてはしたほうがよいとは思うのですが、自力では解決できず、他人《たにん》の力を借りても解決できないような問題はあるでしょう。

そういうときには、もはや、「祈《いの》ること」しかできなかったり、「耐《た》え忍《しの》ぶこと」しかできなかったりする場合もありますので、そういう覚悟《かくご》も要《い》るのではないかと思います。そのように、「これは、祈るか耐え忍ぶのみかな」と思うようなことはあるでしょう。

例えば、もっと一生懸命《いっしょうけんめい》に働きたいと思っていたのに、インフルエンザが流《は》行《や》り、職場の半分ぐらいの人がゴホンゴホンと咳《せ》き込《こ》んでいるような状況《じょうきょう》になったら、もう仕事ができなくなってしまうでしょう。そういう避《さ》けがたいものが出てくることもありますし、それによって、予定の仕事が二週間もできなくて遅《おく》れてしまうようなこともあるかもしれません。

こういうときには、「インフルエンザがうつりませんように」「早く収まりますように」とお祈りすると同時に、極めて低調になっているであろう自分の体調、あるいは能力のなかで、「何ならできるか」を考えることです。肘《ひじ》で這《は》いながら一歩ずつ進んでいく匍匐《ほふく》前進でもするようなつもりで課題に近づいていき、手榴弾《しゅりゅうだん》を投げて目の前の〝戦車〟を爆破《ばくは》することです。

このように、とりあえず、這いつくばってでも、持っている問題・課題の何か一つでも解決するようなことに集中していくのが大事かと思います。

創造的な仕事をする人が持つべき「沈黙《ちんもく》の時間」

どんな人にも、「多数のなかで解決したり、道筋をつくったり、あるいは結論を出したりしなければならないための心労」もあれば、「一人でいるときに解決しない問題の心労」もあるでしょうが、人間はこの両方を大事にしたほうがよいと思います。

私もよく話すほうではあるのですが、その反面、やはり、一人で勉強したり考え事をしたりする時間が長いことも事実です。どうしてもそうなります。

しかし、あまり創造的な仕事をしていない人の場合は、そういうものが理解できないことが多いので、そうした人に、いろいろなトラブルで邪魔《じゃま》されることも多々あるでしょう。

その場合、創造的な仕事には、「沈黙《ちんもく》の時間」と、人前で話す仕事のような「見える時間」と、この両方とも必要だということを、なるべく理解してもらうことが大事です。

例えば、将棋《しょうぎ》の棋士《きし》であろうと、数学者であろうと、哲学者《てつがくしゃ》であろうと、宗教家であろうと、考え事をするような人というのは、本当に、邪魔をされずにじーっと考えている時間があるものです。それは必要な時間なのです。

そういうときに、ベータ波となるようなもので掻《か》き回されると、本当に生産性が落ちてくることになります。そうすると、機嫌が悪くなって、喧嘩が絶えなくなったり紛争が絶えなくなったりすることがあるのです。

●**ベータ波**　脳波の波形の一種。「ベータ波」は、忙しく仕事をしているときや人と交渉しているときなど、心が波立った状態で現れる。一方、「アルファ波」は、心が穏やかなときや瞑想状態のときに現れやすく、創造性につながる天上界からのインスピレーションを非常に受けやすい状態とされる。

ですから、「自分自身を知り、ほかの人のパターンを知ること」が大事でしょう。

創造的な人間はそう多くいるわけではありませんが、おそらく、十人に一人ぐらいは、ある程度、創造性の高い人が存在すると思います。そして、創造性の高い人は、必ず人前で発表する機会を欲しがるものではありますが、同時にまた、一人で考えたくもなるものなのです。それが分からない人にとっては、ボーッとしているだけにしか見えないこともあります。

「蜂《はち》の蜜《みつ》は暗闇《くらやみ》のなかでつくられるように、思想は沈黙のなかでつくられる」（トマス・カーライル）というような言葉がありますけれども、そのように、暗闇のなか、沈黙のなかでつくられるもののもあることを知っておかなければなりません。

インスピレーションが湧《わ》いてくるときは、たいてい沈黙のときなのです。

仕事をしない人に休息はない

最後に、「何もやる気が出ない人へ」ということについて、もう一つだけ私が述べておくべきことがあります。

誰であっても、休みたがったり、休息したがったりするところはあると思います。「もっと暇《ひま》になって楽をしたいなあ」「くつろぎたいなあ」という気持ちはあるでしょう。ただ、ここで一つだけ言っておかなければいけないことは、「仕事をしない人にとっては、休息はない」ということです。これは知っておいたほうがよいでしょう。

仕事があればこそ、休息が必要になってくるわけです。仕事をすればこそ、休息はありがたいものですし、楽しいものになります。しかし、仕事がなければ、休息はありがたくも楽しくもないのです。これは知っておいてください。

今の政府は、国民に「休め、休め」と、しきりに休息を取るように言っています。そして、会社には「給料を上げろ、上げろ」と言っています。これは、最終的にどうするつもりなのかと、私は非常に不安な気持ちでいます。

一生懸命に働いた人にとっては、休息は、非常に価値のあるものになります。しかし、「仕事そのものがない」とか、「あっても非常に希薄《きはく》である」とか、あるいは「重要な仕事がない」といった人の場合には、「休め」と言われても休みにならないのが普通《ふつう》です。

仕事が充実《じゅうじつ》していれば休みは楽しいものになりますが、仕事がない、あるいは十分にできていないと思われる人にとっては、休んだところで何も生まれないこともあるのです。このことは知っておいてください。

したがって、休みたかったら、何か仕事を片付けることが大事なのではないかと思います。

あとがき

私も若い頃の自己イメージは、傷つきやすく、自己顕示欲《じこけんじよく》を出しては、自己嫌悪《けんお》におちいり、自分を励まそうと、時たま大言壮語《たいげんそうご》を吐《は》いては、ペシャンと頭をつぶされるタイプだった。そしてクヨクヨと後悔は何年も続いた。けれども周囲の人たちには、自信満満《まんまん》に見えていたようだ。

少し精神的に大人になってからは、「静かに自己実現する。」ということを学んだ。他人《ひと》にほめられることを求めず、「実績でご判断頂きたい。」という気持ちになった。

すると、いつしか、自己評価よりも、まわりの評価の方が高く感じられることが多くなった。そんなはずはないと謙虚《けんきょ》さを肝《きも》に銘《めい》じていると、さらにリーダーとして重きをなすようになった。才があって雄弁な性格から、深沈重厚《しんちんじゅうこう》な人格へと変化していったらしい。

本書で、真にやる気のある人間は、創造的人間でもあることを学んでほしい。

二〇一八年　六月五日

幸福《こうふく》の科学《かがく》グループ創始者兼総裁《そうししゃけんそうさい》　大川隆法《おおかわりゅうほう》

『何もやる気が出ない人へ』大川隆法著作関連書籍

『創造の法』（幸福の科学出版刊）
『創造的人間の秘密』（同右）
『人格力』（同右）
『大人になるということ』（同右）
『数学者・岡潔　日本人へのメッセージ』（同右）
『本当に心は脳の作用か？
　――立花隆の「臨死体験」と「死後の世界観」を探る――』（同右）

何《なに》もやる気《き》が出《で》ない人《ひと》へ

――モチベーションを高める黄金ルール――

2018年6月19日　初版第1刷

著　者　　大《おお》川《かわ》隆《りゅう》法《ほう》

発行所　　幸福の科学出版株式会社

〒107-0052 東京都港区赤坂2丁目10番14号
TEL(03)5573-7700
https://www.irhpress.co.jp/

印刷・製本　株式会社 堀内印刷所

落丁・乱丁本はおとりかえいたします

ISBN978-4-8233-0008-0 C0030
カバー写真：Sunny studio/shutterstock.com
装丁・イラスト・写真（上記・パブリックドメインを除く）©幸福の科学

大川隆法 ベストセラーズ・心を変えると世界が変わる

「幸福の心理学」講義

相対的幸福と絶対的幸福

人生の幸・不幸を左右する要因とは何か? 劣等感や嫉妬心はどう乗り越えるべきか?「幸福の探究」を主軸に据えた、新しい心理学が示される。

1,500円

「アイム・ファイン!」になるための7つのヒント

いつだって、天使はあなたを見守っている

人間関係でのストレス、お金、病気、挫折、大切な人の死──。さまざまな悩みで苦しんでいるあなたへ贈る、悩み解決のためのヒント集。

1,200円

心を癒す ストレス・フリーの幸福論

人間関係、病気、お金、老後の不安……。ストレスを解消し、幸福な人生を生きるための「心のスキル」が語られた一書。

1,500円

大川隆法 ベストセラーズ・豊かで成功する人生を

心が豊かになる法則

幸福とは猫のしっぽのようなもの――
「人格の形成」と「よき習慣づくり」
をすれば、成功はあとからついてくる。
人生が好転する必見のリバウンド法。

1,500円

エイジレス成功法

生涯現役９つの秘訣

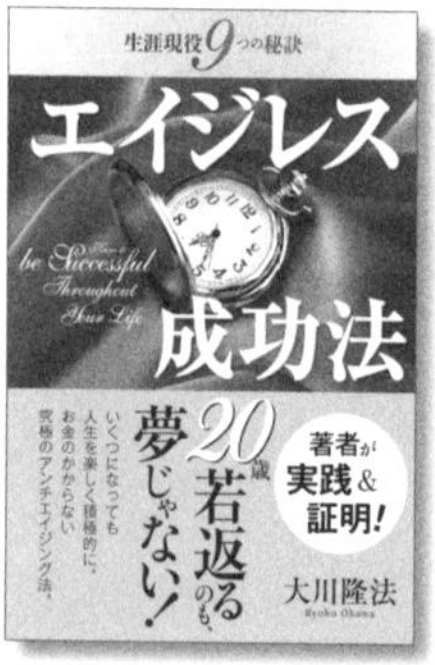

年齢に縛られない生き方とは――。この「考え方」で心・体・頭がみるみる若返り、介護や痴呆とは無縁の「生涯現役人生」が拓けてくる！

1,500円

「成功の心理学」講義

成功者に共通する「心の法則」とは何か

人生と経営を成功させる「普遍の法則」と「メンタリティ」とは？「熱意」「努力の継続」「三福」――あなたを成功へ導く成功学のエッセンスが示される。

1,500円

※表示価格は本体価格（税別）です。

大川隆法 ベストセラーズ・仕事能力を高めるヒント

仕事ができるとは どういうことなのか

無駄仕事をやめ、「目に見える成果」を出す。一人ひとりが「経営者の目」を持つ秘訣や「嫌われる勇気」の意外な落とし穴など、発展する智慧が満載！

1,500円

サバイバルする 社員の条件

リストラされない幸福の防波堤

能力だけでは生き残れない。不況の時代にリストラされないためのサバイバル術が語られる。この一冊が、リストラからあなたを守る！

1,400円

不況に打ち克つ仕事法

リストラ予備軍への警告

仕事に対する基本的な精神態度から、ビジネス論・経営論の本質まで。才能を開花させ、時代を勝ち抜くための一書。

2,200円

さらば
青春、
されど
青春。
努力を重ねた平凡な日々も。
大切な人と過ごした時間も。
ただひとり眠れぬ夜も──。
いつも、“何か”を求めていた。
あなたを信じて、
ほんとうによかった。
製作総指揮・原案／大川隆法
大川宏洋　千眼美子
石橋保　芦川よしみ　日向丈　山田明郷　野久保直樹
長谷川奈央　梅崎快人　伊良子未來　希島凛　ビートきよし　大浦龍宇一　高杉亘　木下ほうか
監督／赤羽博　音楽／水澤有一　製作／幸福の科学出版　製作協力／ニュースター・プロダクション　アリ・プロダクション
制作プロダクション／ジャンゴフィルム　配給／日活　配給協力／東京テアトル　©2018 IRH Press
5月12日(土)より全国の映画館で上映中！
saraba-saredo.jp

幸福の科学グループのご案内

宗教、教育、政治、出版などの活動を通じて、地球的ユートピアの実現を目指しています。

幸福の科学

一九八六年に立宗。信仰の対象は、地球系霊団の最高大霊、主エル・カンターレ。世界百カ国以上の国々に信者を持ち、全人類救済という尊い使命のもと、信者は、「愛」と「悟り」と「ユートピア建設」の教えの実践、伝道に励んでいます。

（二〇一八年六月現在）

愛

幸福の科学の「愛」とは、与える愛です。これは、仏教の慈悲《じひ》や布施《ふせ》の精神と同じことです。信者は、仏法真理をお伝えすることを通して、多くの方に幸福な人生を送っていただくための活動に励んでいます。

悟り

「悟り」とは、自らが仏の子であることを知るということです。教学《きょうがく》や精神統一によって心を磨き、智慧《ちえ》を得て悩みを解決すると共に、天使・菩薩《ぼさつ》の境地を目指し、より多くの人を救える力を身につけていきます。

ユートピア建設

私たち人間は、地上に理想世界を建設するという尊い使命を持って生まれてきています。社会の悪を押しとどめ、善を推し進めるために、信者はさまざまな活動に積極的に参加しています。

国内外の世界で貧困や災害、心の病で苦しんでいる人々に対しては、現地メンバーや支援団体と連携して、物心両面にわたり、あらゆる手段で手を差し伸べています。

年間約３万人の自殺者を減らすため、全国各地で街頭キャンペーンを展開しています。

公式サイト **www.withyou-hs.net**

ヘレン・ケラーを理想として活動する、ハンディキャップを持つ方とボランティアの会です。視聴覚障害者、肢体不自由な方々に仏法真理を学んでいただくための、さまざまなサポートをしています。

公式サイト **www.helen-hs.net**

入会のご案内

幸福の科学では、大川隆法総裁が説く仏法真理《ぶっぽうしんり》をもとに、「どうすれば幸福になれるのか、また、他の人を幸福にできるのか」を学び 実践しています。

入会

仏法真理を学んでみたい方へ

大川隆法総裁の教えを信じ、学ぼうとする方なら、どなたでも入会できます。入会された方には、『入会版「正心法語」』が授与されます。

ネット入会　入会ご希望の方はネットからも入会できます。
happy-science.jp/joinus

三帰《さんき》誓願《せいがん》

信仰をさらに深めたい方へ

仏弟子としてさらに信仰を深めたい方は、仏《ぶっ》・法《ぽう》・僧《そう》の三宝《さんぼう》への帰依を誓う「三帰誓願式」を受けることができます。三帰誓願者には、『仏説・正心法語《しょうしんほうご》』『祈願文《きがんもん》①』『祈願文②』『エル・カンターレへの祈り』が授与されます。

幸福の科学 サービスセンター
TEL 03-5793-1727
受付時間／
火〜金：10〜20時
土・日祝：10〜18時

幸福の科学 公式サイト
happy-science.jp

仏法真理塾「サクセスNo.1」

全国に本校・拠点・支部校を展開する、幸福の科学による信仰教育の機関です。小学生・中学生・高校生を対象に、信仰教育・徳育にウエイトを置きつつ、将来、社会人として活躍するための学力養成にも力を注いでいます。

TEL 03-5750-0747（東京本校）

エンゼルプランV　TEL 03-5750-0757

幼少時からの心の教育を大切にして、信仰をベースにした幼児教育を行っています。

不登校児支援スクール「ネバー・マインド」　TEL 03-5750-1741

心の面からのアプローチを重視して、不登校の子供たちを支援しています。

ユー・アー・エンゼル！（あなたは天使！）運動

一般社団法人 ユー・アー・エンゼル　TEL 03-6426-7797

障害児の不安や悩みに取り組み、ご両親を励まし、勇気づける、
障害児支援のボランティア運動を展開しています。

NPO活動支援

いじめから子供を守ろうネットワーク

学校からのいじめ追放を目指し、さまざまな社会提言をしています。また、各地でのシンポジウムや学校への啓発ポスター掲示等に取り組む一般財団法人「いじめから子供を守ろうネットワーク」を支援しています。

公式サイト mamoro.org　ブログ blog.mamoro.org

相談窓口 TEL.03-5719-2170

百歳まで生きる会

「百歳まで生きる会」は、生涯現役人生を掲げ、友達づくり、生きがいづくりをめざしている幸福の科学のシニア信者の集まりです。

シニア・プラン21

生涯反省で人生を再生・新生し、希望に満ちた生涯現役人生を生きる仏法真理道場です。定期的に開催される研修には、年齢を問わず、多くの方が参加しています。全国146カ所、海外17カ所で開校中。

【東京校】TEL 03-6384-0778　FAX 03-6384-0779
メール senior-plan@kofuku-no-kagaku.or.jp

幸福実現党

内憂外患《ないゆうがいかん》の国難に立ち向かうべく、2009年5月に幸福実現党を立党しました。創立者である大川隆法党総裁の精神的指導のもと、宗教だけでは解決できない問題に取り組み、幸福を具体化するための力になっています。

幸福実現党 釈量子サイト **shaku-ryoko.net**
Twitter **釈量子@shakuryokoで検索**

党の機関紙
「幸福実現NEWS」

幸福実現党 党員募集中

あなたも幸福を実現する政治に参画しませんか。

- ◯幸福実現党の理念と綱領、政策に賛同する18歳以上の方なら、どなたでも参加いただけます。
- ◯党費:正党員(年額5千円[学生 年額2千円])、特別党員(年額10万円以上)、家族党員(年額2千円)
- ◯党員資格は党費を入金された日から1年間です。
- ◯正党員、特別党員の皆様には機関紙「幸福実現NEWS(党員版)」が送付されます。

＊申込書は、下記、幸福実現党公式サイトでダウンロードできます。
住所:〒107-0052 東京都港区赤坂2-10-8 6階 幸福実現党本部
TEL **03-6441-0754** FAX **03-6441-0764**
公式サイト **hr-party.jp** 若者向け政治サイト **truthyouth.jp**

出版 メディア 芸能文化 幸福の科学グループ

幸福の科学出版

大川隆法総裁の仏法真理の書を中心に、ビジネス、自己啓発、小説など、さまざまなジャンルの書籍・雑誌を出版しています。他にも、映画事業、文学・学術発展のための振興事業、テレビ・ラジオ番組の提供など、幸福の科学文化を広げる事業を行っています。

アー・ユー・ハッピー？
are-you-happy.com

ザ・リバティ
the-liberty.com

幸福の科学出版
TEL **03-5573-7700**
公式サイト **irhpress.co.jp**

THE FACT
ザ・ファクト
マスコミが報道しない「事実」を世界に伝えるネット・オピニオン番組

ザ・ファクト 検索

NEW STAR PRODUCTION

ニュースター・プロダクション

「新時代の"美しさ"」を創造する芸能プロダクションです。2016年3月に映画「天使に"アイム・ファイン"」を、2017年5月には映画「君のまなざし」を公開しています。 公式サイト **newstarpro.co.jp**

ARI Production

ARI《アリ》 Production《プロダクション》

タレント一人ひとりの個性や魅力を引き出し、「新時代を創造するエンターテインメント」をコンセプトに、世の中に精神的価値のある作品を提供していく芸能プロダクションです。 公式サイト **aripro.co.jp**

大川隆法　講演会のご案内

大川隆法総裁の講演会が全国各地で開催されています。講演のなかでは、毎回、「世界教師」としての立場から、幸福な人生を生きるための心の教えをはじめ、世界各地で起きている宗教対立、紛争、国際政治や経済といった時事問題に対する指針など、日本と世界がさらなる繁栄の未来を実現するための道筋が示されています。

2017 年8月2日 東京ドーム「人類の選択」

2017 年5月 14 日 ロームシアター京都
「永遠なるものを求めて」

2017 年4月 23 日 高知県立県民体育館
「人生を深く生きる」

2018 年２月３日 都城市総合文化ホール(宮崎県)
「情熱の高め方」

2017 年12月7日 幕張メッセ(千葉県)「愛を広げる力」